LES DINOSAURES !

Sabine Jourdain

Larousse Jeunesse

Illustrations
Le temps des dinosaures : **Patrick Chenot**
Incroyables dinosaures : **David Raphet**
Les volants et les marins, les cousins : **Loïc Méhée**
Les records : **Thérèse Bonté**

Direction de la publication : Sophie Chanourdie
Édition : Marie-Claude Avignon et Magali Marquet
Responsable artistique : Guillaume Dupont
Mise en page : Jean-Marc Richard
Fabrication : Ombeline Canaud

21, rue du Montparnasse
75006 Paris

ISBN : 978-2-03-598679-5
Imprimé en RPC
Dépôt légal : septembre 2020
324739-01/11042624-juillet 2020

Conforme à la loi n° 49-956 du 16 juillet 1949
sur les publications destinées à la jeunesse.

À quelle époque ont vécu les dinosaures ?

À une époque appelée mésozoïque qui se déroule en trois grandes périodes : le trias (– 245 à – 208 millions d'années), le jurassique (– 208 à – 145 millions d'années) et le crétacé (– 145 à – 65 millions d'années).

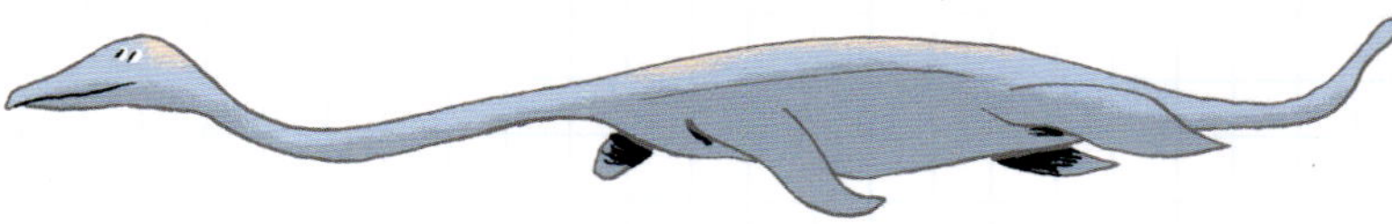

Comment ont évolué les dinosaures ?

Au début, ils étaient petits et peu évolués. Au fur et à mesure, ils ont grossi, grandi, se sont adaptés à l'évolution des climats et à leur environnement. Des espèces de plus en plus variées sont apparues.

À quoi ressemble la Terre au temps des dinosaures ?

La forme des continents s'est beaucoup modifiée. Au tout début des dinosaures, il y a un seul continent, la Pangée, entouré d'un océan. À partir du jurassique, la Pangée se fissure en trois morceaux de terre et, au crétacé, les continents commencent à se former.

Quel est le climat à l'époque des dinosaures ?

À la période du trias, il fait chaud et sec ; au jurassique, le climat est chaud et humide ; au crétacé, le climat est humide et se refroidit peu à peu.

D'où vient le nom « dinosaure » ?

En 1841, Richard Owen, un paléontologue britannique, invente le mot dinosaure pour désigner ces animaux aux os de géants. Dinosaure veut dire : lézard terrible. Owen reconstitue les premiers squelettes pour les présenter à l'Exposition universelle de 1851.

À quoi reconnaît-on un dinosaure ?

Ses pattes sont placées au-dessous du corps, et non sur les côtés comme chez les reptiles. Ce vertébré marche, comme les mammifères, sur deux ou sur quatre pattes : on dit qu'il est bipède ou quadrupède.

À quoi reconnaît-on un dinosaure carnivore ?

Il est bipède, a des mains à trois doigts pointés vers l'avant, souvent une griffe acérée, et des dents en forme de losanges, nombreuses, bien aiguisées pour manger de la viande !

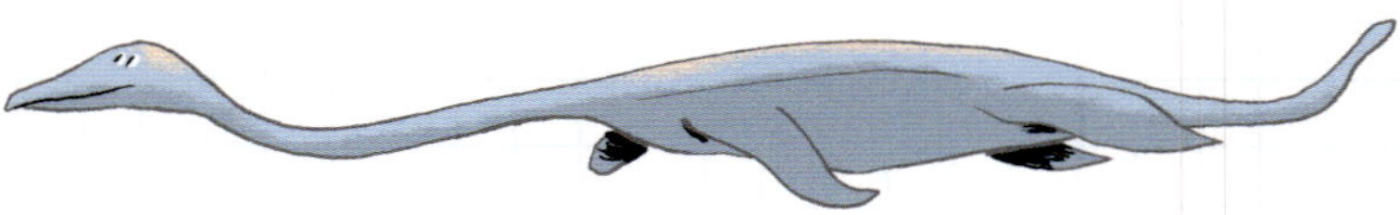

Qu'est-ce qu'un dinosaure charognard ?

Un dinosaure qui se nourrit d'animaux morts. Les dinosaures trop lourds ou pas assez rapides à la course doivent se contenter des restes des proies chassées par d'autres.

Comment reconnaît-on un herbivore ?

Un herbivore a un gros ventre et de grosses joues pour stocker les végétaux pendant qu'il mâche. Il a une petite tête par rapport à son gros corps et se déplace sur quatre pattes. Les mains des herbivores ont quatre ou cinq doigts.

Que mangent les herbivores ?

Des feuilles de prêle et de cycas, un genre de palmier, des cônes de pin, des racines, des bourgeons et aussi de l'herbe. Ceux qui ne peuvent pas mâcher facilement avalent des pierres, les gastrolithes, pour broyer les feuilles les plus dures dans leur estomac.

Quelles sont les deux grandes catégories de dinosaures ?

Les saurischiens et les ornithischiens. Les saurischiens ont un bassin de lézard et sont répartis en deux groupes : les théropodes, des carnivores, et les sauropodes, des herbivores. Les ornithischiens ont un bassin d'oiseau.

Comment pondent les dinosaures ?

Les dinosaures avec un bassin d'oiseau pondent des œufs ronds dans des nids. Les dinosaures avec un bassin de reptile pondent des œufs en forme de ballon de rugby. Certains dinosaures couvent les œufs, d'autres les enterrent.

Quelles sont les plantes à l'époque des dinosaures ?

Pins, palmiers appelés cycas, ginkgos et plantes à graines des marécages au trias. Les forêts tropicales s'épanouissent au jurassique. Au début du crétacé, les premières plantes à fleurs apparaissent, ainsi que bouleaux, saules, magnolias.

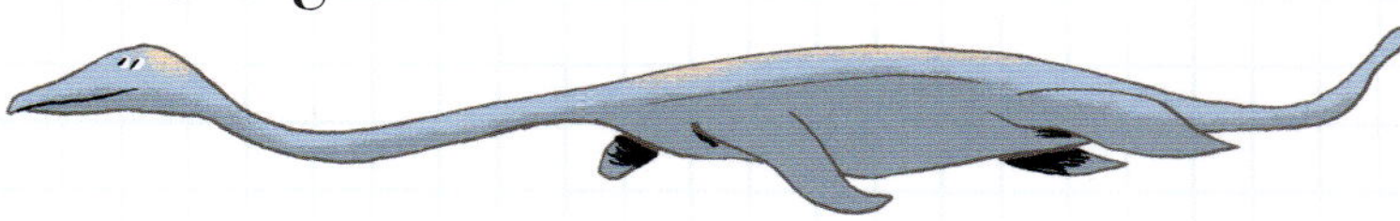

Qui sont les prosauropodes ?

TRIAS ET JURASSIQUE

Les premiers saurischiens du trias. Bipèdes ou quadrupèdes, ils sont tous herbivores. Ces ancêtres des sauropodes sont les premiers géants. Les fossiles les plus anciens ont été retrouvés à Madagascar.

Quels dinosaures vivent à l'époque du trias ?

Des herbivores comme le mélanosaure et l'euskélosaure. Vers la fin du trias, entre 245 et 208 millions d'années avant notre ère, le coelophysis, le staurikosaure et le platéosaure font leur apparition.

Que s'est-il passé à la fin du trias ?

De très grosses éruptions volcaniques ont provoqué une disparition massive des espèces

aquatiques comme les amphibiens, les reptiles crocodiliens, les gros reptiles mammaliens. La disparition de ces espèces a laissé une grande place aux dinosaures.

Quels dinosaures vivent au jurassique ?

De petits dinosaures herbivores comme l'hétérodontosaure, apparu au trias, vivent au début du jurassique ainsi que des carnivores comme le mégalosaure. Au jurassique supérieur, à partir de 157 millions d'années avant notre ère, les super-géants herbivores et les dinosaures à cuirasse débarquent.

Pourquoi y a-t-il beaucoup de dinosaures à long cou, au jurassique ?

Parce que le climat a changé et des forêts ont poussé. Avoir un long cou, c'est bien pratique pour attraper les feuilles en haut des arbres... et aussi pour avancer dans les marais ! Tous ces dinosaures à long cou sont des sauropodes.

Qui sont les sauropodes ?

Une catégorie de dinosaures qui regroupe les plus énormes dinosaures de tous les temps.

Ils marchent sur quatre pattes, pèsent très lourd, ont une petite tête au bout d'un long cou, une longue queue souvent très musclée et sont végétariens. La période du jurassique est leur âge d'or.

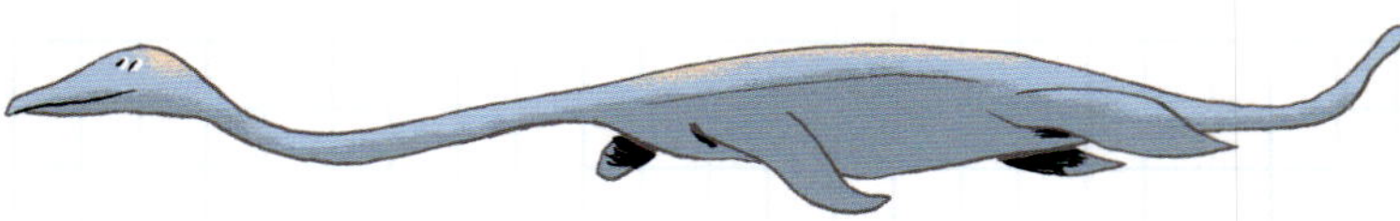

Qui fait trembler la terre ?

JURASSIQUE

Le séismosaure qui déplace ses 100 tonnes à chaque pas. On l'a nommé à partir du mot « séisme », qui veut dire « tremblement de terre ». Ouf ! cet énorme dinosaure est herbivore.

Qui sont les dinosaures du crétacé inférieur ?

Il y a 145 millions d'années, on aurait pu voir courir des troupeaux d'iguanodons sur les terres de forêts humides et chaudes d'Europe. À côté d'eux chasse le baryonyx, tandis que le cuirassé hylaeosaurus broute les plantes au ras du sol.

Quels dinosaures peut-on voir au crétacé supérieur ?

Entre 97 et 65 millions d'années avant notre ère,

les dinosaures qui nous sont les plus familiers peuplent la Terre : tyrannosaures, tricératops, ankylosaures, edmontosaures, dinosaures à bec de canard.

Comment marchent les dinosaures ?

Les plus gros comme le brachiosaure, le stégosaure ou le diplodocus marchent sur quatre pattes : les quadrupèdes. Les autres ont des pattes arrière très solides et de toutes petites pattes devant, comme des mains. Ils marchent sur deux pattes : ils sont bipèdes.

Comment dorment les dinosaures ?

Des scientifiques chinois ont trouvé des troodontidés, dinosaures proches des oiseaux, fossilisés dans une position de sommeil : ils dormaient recroquevillés comme les oiseaux, leur queue enroulée autour d'eux. Mais pour les autres dinosaures, on ne sait pas vraiment.

Les dinosaures savent-ils danser?

Oui, c'est ce que des scientifiques américains ont démontré après avoir découvert de larges traces de pas dans la roche, dans le Colorado et le Dakota. Ces traces de gros dinosaures carnivores du crétacé montrent qu'ils dansaient sur deux pattes, lors des parades nuptiales.

Les dinosaures hibernent-ils ?

Certains devaient hiberner dans des grottes ou terriers, spécialement ceux qui vivaient dans la région de l'Australie et de l'Antarctique, tel le leaellynasaure, un petit herbivore d'il y a 100 millions d'années.

Comment sont nourris les bébés dinosaures ?

Par papa et maman dinosaures. Comme les parents oiseaux, ils donnent la becquée à leurs petits : ils mâchent des feuilles et des herbes et les régurgitent ensuite dans le bec des petits.

Que racontent les coquilles d'œufs de dinosaures ?

Des coquilles datant de 80 millions d'années permettent de savoir quelle était la température du corps de la maman dinosaure. Incroyable, non ?

Les dinosaures ont-ils le sang chaud ou froid ?

Un animal à sang chaud est très actif et peut courir longtemps. Un animal à sang froid, comme le serpent, est obligé de se réchauffer au soleil et reste souvent sans bouger. Depuis peu, les scientifiques pensent que les dinosaures avaient une température entre les deux.

À quoi servent les plumes des dinosaures ?

À réguler la chaleur, à les protéger du froid, à envoyer des signes et à faire les beaux... mais pas vraiment à voler. Du moins, les scientifiques ne l'ont pas encore prouvé.

Y avait-il des mammifères à l'époque des dinosaures ?

Oui, mais ils étaient petits et se faisaient discrets. Ils s'aventuraient généralement la nuit pour éviter de se faire avaler tout crus.

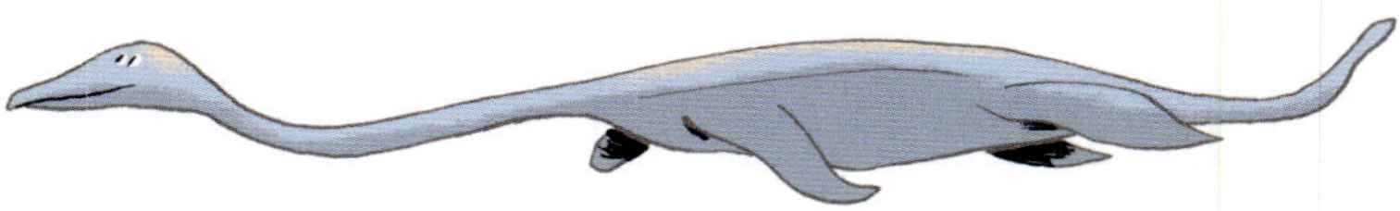

Quels petits animaux et insectes servent d'apéritif aux dinosaures ?

Au trias, des libellules géantes de 20 cm et des rongeurs se trouvent un peu partout. Au jurassique, les tortues, lézards, salamandres sont croqués par les carnivores ; Blattes, scarabées, petites libellules, criquets, abeilles, pullulent au crétacé.

Qui est le roi des terribles lézards ?

CRÉTACÉ

C'est le tyrannosaure rex, un énorme carnivore de 15 m de long, 5 m de haut et pesant jusqu'à 7 tonnes. Sa vue et son odorat sont excellents. Avec ses 50 à 60 dents larges et pointues, il déchiquette ses proies vivantes ou mortes. Et il peut courir jusqu'à 35 km à l'heure !

Qui est le cousin de Mongolie du T. rex ?

CRÉTACÉ

Le tarbosaure. Plus petit que lui, il ne pèse qu'une tonne. Avec un peu plus de dents que le T. rex, il est tout aussi féroce. Ce n'est pas pour rien que son nom signifie « lézard terrifiant » !

CRÉTACÉ

Quel genre de tueur est le deinonychus ?

Ce tueur sur deux pattes court vite. À chaque patte, il possède une griffe aussi pointue qu'un poignard. Il a vite fait de lacérer sa proie. Il ne pèse que 50 ou 60 kg mais, avec sa bande, il n'hésite pas à s'attaquer à de très gros dinosaures.

JURASSIQUE

L'apatosaure et le brontosaure sont-ils un seul et même dinosaure ?

Ils se ressemblent comme deux frères. On a cru que c'était le même. Les scientifiques ont même supprimé le nom « brontosaure ». Mais, depuis peu, le brontosaure est de retour ! Le brontosaure a un cou plus haut et moins épais que l'apatosaure.

Comment travaille le paléontologue ?

Sur le terrain, il récupère les morceaux de roche qui contiennent les fossiles et creuse tout autour pour découvrir d'autres os de squelettes. Au laboratoire, il lui faut beaucoup de délicatesse et de patience pour dégager chaque pièce.

Pourquoi le spinosaure « irritator » a-t-il pris ce nom ?

Les paléontologues qui ont découvert son crâne au Brésil étaient très « irrités », car des amateurs étaient passés avant eux et avaient abîmé le fossile.

Comment les chercheurs examinent-ils les fossiles ?

Ils font des mesures, numérotent chaque morceau de fossile, utilisent les techniques de laboratoire les plus sophistiquées comme les rayons X, les scanners...

Comment les scientifiques connaissent-ils le poids des dinosaures ?

Une des méthodes est de calculer la taille et la circonférence (le pourtour) des os des pattes des dinosaures, l'humérus ou le fémur par exemple. Ensuite, ils comparent ces mesures avec les mammifères vivant aujourd'hui.

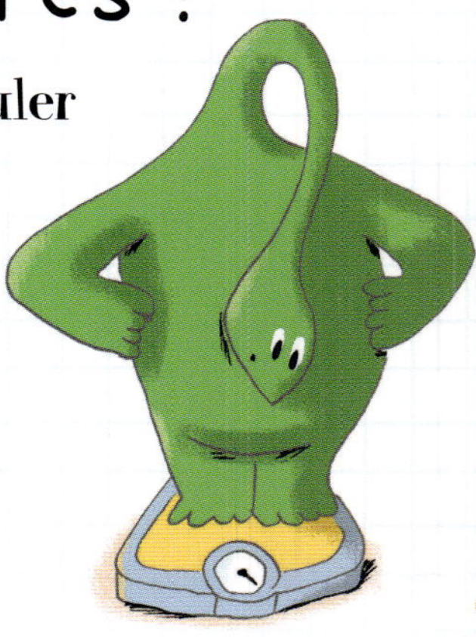

Quelles informations apportent les traces de pas fossilisées ?

Les empreintes fossilisées indiquent la longueur des pieds du dinosaure, l'espacement des pas, s'il s'agit d'un bipède ou d'un quadrupède, s'il fait partie d'un troupeau, s'il chasse...

Comment sait-on que les dinosaures migraient ?

On a retrouvé des empreintes fossiles nombreuses et qui se dirigeaient toutes dans le même sens. Ils migraient pour trouver d'autre nourriture ou quand le climat changeait.

Comment sait-on à quoi ressemble la peau des dinosaures ?

Lorsqu'un dinosaure meurt, l'empreinte de sa peau peut être conservée par la terre humide. Puis la terre devient rigide comme de la pierre. Des millions d'années plus tard, on retrouve le fossile. Ainsi, on sait que certains avaient de grosses écailles, des plaques de corne, des plumes...

Que racontent les crottes de dinosaures ?

Incroyable mais vrai : on a retrouvé des crottes de dinosaures et des crottes de reptiles marins fossilisées. On les appelle des coprolithes. Grâce à elles, on sait ce que mangeaient les dinosaures.

CRÉTACÉ

Qu'est-ce que la « tombe des dragons » ?

Un site dans le désert de Gobi où a été trouvé un nid de grands dinosaures à bec de canard. Le désert de Gobi, qui s'étend entre la Mongolie et la Chine, est une région très riche en découvertes de fossiles.

Comment connaît-on l'âge d'un dinosaure ?

On analyse les anneaux de croissance de ses os. Ainsi, on sait que certains très gros dinosaures vivaient jusqu'à 100 ans et d'autres peut-être 200 ans !

Qu'est-ce que la « guerre des os » ?

Au 19e siècle, deux paléontologues américains, Cope et Marsh, font la course aux os de dinosaures. La course se transforme en guerre lorsque Marsh découvre un gigantesque site dans la région du Wyoming. Cope détruit même des os trouvés par Marsh !

Quel est la conséquence de la guerre des os ?

De nombreuses découvertes : 130 nouvelles espèces parmi lesquelles le stégosaure, le tricératops, le coelophysis, des ossements d'apatosaure et de diplodocus. Marsh gagne la guerre en trouvant à lui seul 80 espèces.

Qui est Barnum Brown ?

L'homme qui a découvert le premier squelette de tyrannosaure en 1902. Ce grand « chasseur de dinosaures » a fait la plupart de ses nombreuses découvertes au nord du Canada, dans l'Alberta, et a contribué à la grande collection du musée d'histoire naturelle de New York.

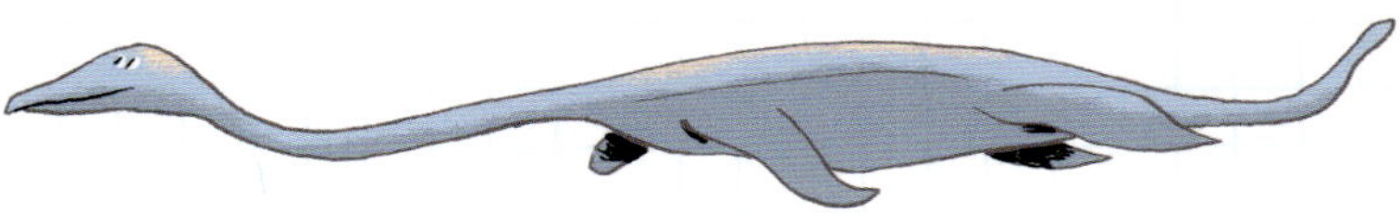

Qui est Dinosaur Jim ?

James Jensen, un Américain passionné de dinosaures, surnommé aussi le « chercheur d'os ». En 1979, il découvre les os du supersaure, le plus grand dinosaure de tous les temps, dans la région du Colorado.

Quel est le lien entre les oiseaux et les dinosaures ?

Le chaînon est un groupe de dinosaures appelés maniraptores. Ils portent de longues griffes, des plumes, une queue rigide et un système respiratoire différent. Le volume de leurs poumons varie selon qu'ils sont au repos ou en vol.

Quel animal d'aujourd'hui ressemble le plus à un dinosaure ?

Le varan, descendant du mosasaure. Parmi les varans, le terrible dragon de Komodo : 160 kg, 3 m de long, un gros carnivore à la morsure mortelle.

Ce varan est très protégé en tant qu'espèce en voie de disparition.

Pourquoi les paléontologues trouvent-ils le chilesaure si étrange ?

C'est un mélange des deux grands groupes de dinosaures, les saurischiens et les ornithischiens. Ce drôle d'animal ressemble à un vélociraptor avec une sympathique tête d'oiseau, des dents de mangeur de plantes et des pattes arrière à quatre doigts.

Quelle découverte a fait avancer la science ?

En 2010, en Sibérie, on a découvert un dinosaure ne faisant pas partie du groupe « ancêtre des oiseaux », portant des écailles sur les pattes arrière et des traces de plumes sur le corps. On en a déduit que la majorité des dinosaures devaient avoir des plumes, pour garder leur chaleur ou... pour être jolis !

Comment ont disparu les dinosaures ?

Il y a 65 millions d'années, une énorme météorite s'écrase en Amérique centrale et déclenche des phénomènes climatiques très violents qui refroidissent la Terre et provoquent la disparition de la végétation, nourriture des dinosaures.

Qu'est-ce que *Le Monde perdu* ?

Un roman fantastique de sir Arthur Conan Doyle, publié en 1912, qui raconte des aventures dans un coin de montagnes d'Amérique du Sud où des dinosaures et des plésiosaures ont survécu... Ce roman a beaucoup inspiré les cinéastes !

Incroyables dinosaures

12

Quel dinosaure a les pieds plats et palmés ?

Le spinosaurus aegyptiacus. Grâce à ses grands pieds palmés, il est plus à l'aise pour nager que pour marcher sur terre. Un paléontologue allemand l'a déniché en 1912. Des études ont prouvé qu'il savait nager.

Sur quoi nothronychus a-t-il bâti sa réputation de féroce ?

CRÉTACÉ

Sur ses griffes de 30 cm de long. Ce végétarien, de la famille des thérizinosaures, s'en sert d'abord pour arracher l'écorce des arbres ou pour se défendre. Au fond, il n'est peut-être pas si méchant !

Pourquoi le spinosaure fait-il si peur ?

CRÉTACÉ

Parce qu'avec ses 15 à 18 m de long et ses dents très pointues, il a un air de crocodile géant. En plus, il est capable d'avaler un requin en une seule bouchée ! Et il se déplace à la fois dans l'eau et sur terre.

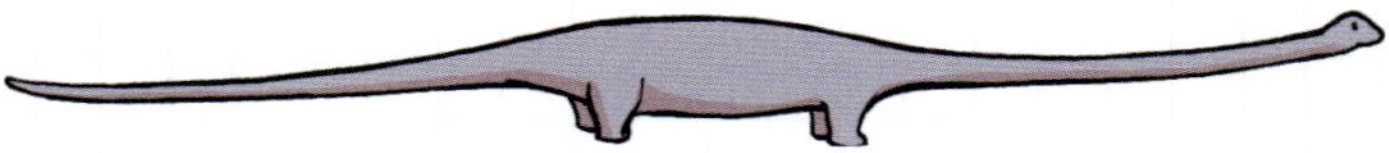

Qu'est-ce que l'iguanodon a de plus que les « longs cous » ?

CRÉTACÉ

Tout un outillage pour mâcher les plantes : un bec crénelé pour brouter, des dents pour broyer la nourriture. Plus besoin d'avaler des gastrolithes pour digérer !

Qu'est-ce qui ressemble à un gros rhinocéros et a trois cornes ?

CRÉTACÉ

Le tricératops. Une collerette cuirassée, deux grandes cornes, une gueule surmontée d'une troisième corne, 10 m de long et au moins 5 tonnes : il est herbivore, mais son allure ne donne pas envie d'aller s'y frotter !

Qui est le staurikosaure ?

TRIAS

Un dinosaure très primitif, de 2 m de long, carnivore, qui marche sur deux pattes et attrape ses proies avec ses mains. On a trouvé ce spécimen uniquement au Brésil.

CRÉTACÉ

Combien pèse le vélociraptor ?

15 kg tout mouillé ! Mais il est super bien musclé et bien équilibré grâce à une queue solide. Ce champion de la course à pied est aussi intelligent. D'ailleurs, son nom signifie : voleur rapide.

CRÉTACÉ

Avec quoi le vélociraptor attaque-t-il ?

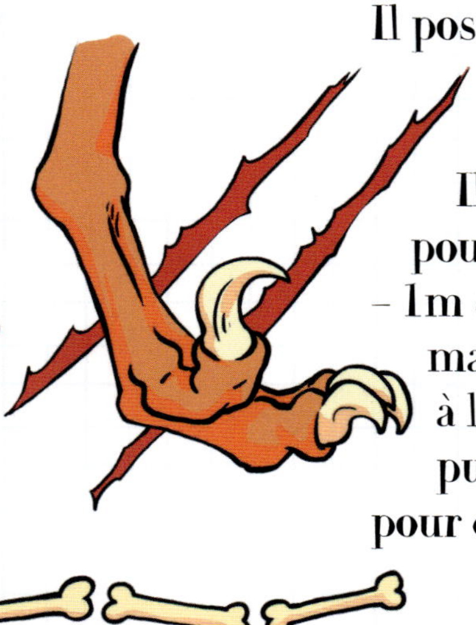

Il possède une griffe qui peut se dresser verticalement. Il est plutôt petit pour un dinosaure – 1m 80 de long environ –, mais quelle rapidité à la course et quelle puissance de griffe pour déchiqueter ses proies !

JURASSIQUE

Quelle partie du corps du mamenchisaure est effrayante ?

Son cou de 11 m de long. À l'époque du jurassique, il est certainement l'herbivore avec le plus long cou. Celui que l'on a trouvé dans le sud-ouest de la Chine mesurait 26 m.

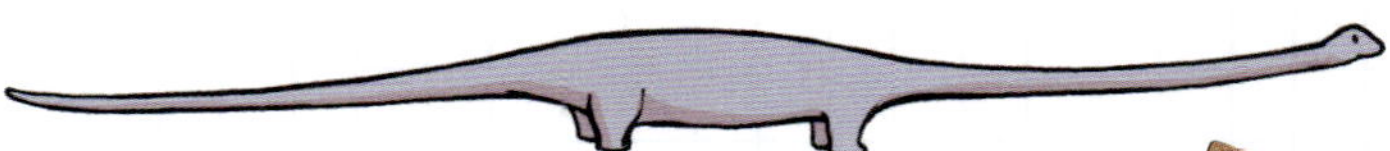

CRÉTACÉ

Quel est le plat préféré du terrible suchomimus ?

Il raffole du poisson, même si tout ce qui arrive à portée de ses grandes mâchoires est aussi à son goût ! Sucho, en grec, signifie : crocodile. Car il ressemble bien à un crocodile, en plus long et avec plus de dents !

CRÉTACÉ

Qu'est-ce que l'ankylosaure possède de si dangereux ?

Sa queue : elle se termine par une énorme massue en os et pèse plus de 100 kg ! De quoi assommer le premier venu, n'est-ce pas ?

TRIAS

À quelle vitesse le coelophysis court-il ?

Jusqu'à 45 km à l'heure en vitesse de pointe : un très bon avantage pour ce chasseur plutôt léger puisqu'il ne pèse que 35 ou 40 kg. Carnivore et charognard, il est aussi cannibale lorsqu'il a trop faim !

CRÉTACÉ

Comment se battent les tyrannosaures ?

Lorsque deux tyrannosaures se battent, ils se mordent sauvagement au cou et à la tête. Des paléontologues ont même trouvé des traces de morsures sur les crânes fossilisés de tyrannosaures !

CRÉTACÉ

Le majungatholus est-il cannibale ?

Il chasse tous les autres dinosaures et mange très probablement des membres de sa tribu ! Ce très grand prédateur régnait dans la région de Madagascar à la période du crétacé, en maître carnivore le plus dangereux.

CRÉTACÉ

Quel est le menu gastronomique d'oviraptor ?

Coquillages et crustacés, qu'il casse avec son bec qui lui sert de pince, ainsi que des œufs quand l'envie lui prend. On l'a appelé « voleur d'œufs » parce qu'on a cru longtemps qu'il mangeait ceux des autres. En réalité, il protégeait bien ses propres œufs.

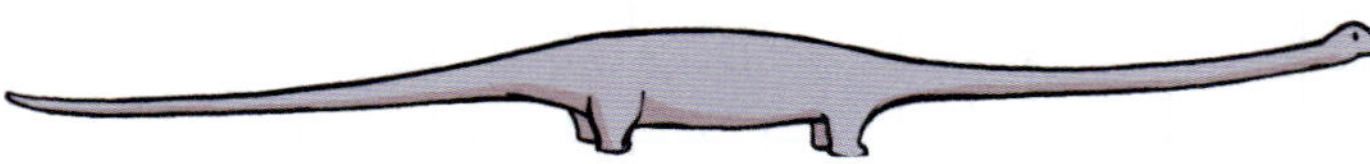

Le baryonyx préfère-t-il la viande ou le poisson ?

CRÉTACÉ

Il raffole du poisson. Ce gros dinosaure d'1,5 tonne et de 10 m de long a en plus un museau allongé avec une mâchoire de 128 dents aussi coupantes que des scies. Et ce n'est pas tout ! baryonyx veut dire : griffe puissante !

CRÉTACÉ

Pourquoi le carnotaure a-t-il été appelé ainsi ?

Parce que son nom signifie taureau carnivore. Il ressemble à un taureau avec ses deux cornes sur la tête et ses puissantes pattes postérieures. Il préfère chasser en groupe pour attaquer de plus grosses proies.

Quelle est l'arme redoutable du diplodocus ?

Sa queue : un véritable fouet ! Elle compte 80 vertèbres. Et la carrure du diplodocus est impressionnante : jusqu'à 30 m de long.

Connais-tu le dinosaure à voile ?

Le dimétrodon a une immense voile sur le dos qui lui sert de radiateur ou de climatiseur. En orientant sa voile, il peut réchauffer ou refroidir le sang de son corps. Il n'a jamais trop froid ni trop chaud !

Quel est cet étrange dinosaure à pointes ?

Avec son dos couvert de pointes osseuses, le stégosaure a un petit air de dragon. Lui aussi peut contrôler la température de son corps. Lorsqu'il veut attirer une femelle, ses pointes deviennent rouges.
La couleur des pointes varie selon les espèces.

CRÉTACÉ

À quoi sert la crête du parasaurolophe ?

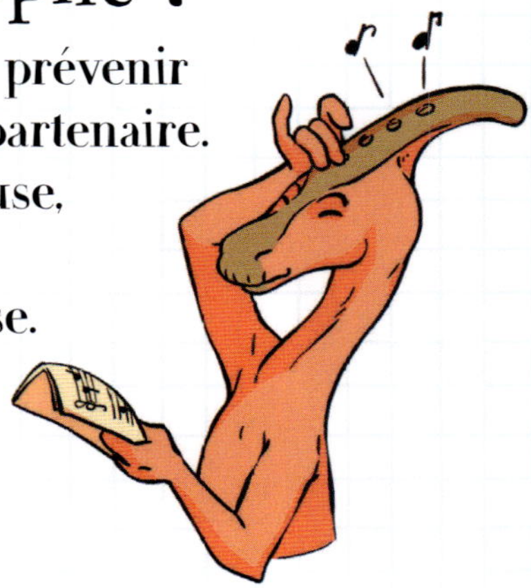

À émettre des sons pour prévenir du danger et à attirer sa partenaire. Avec sa longue crête creuse, il émet un son aussi fort qu'un trombone à coulisse. Avant de jouer du trombone, entraîne-toi à prononcer son nom : parasaurolophe.

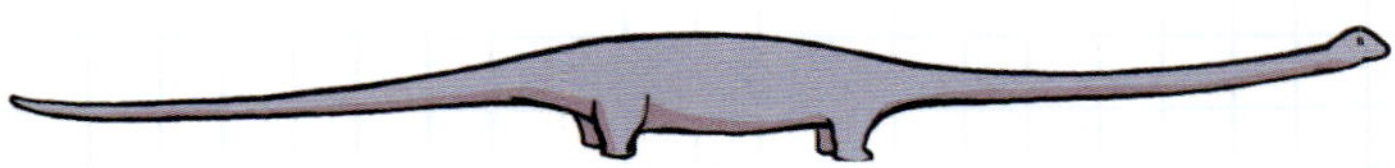

Quel dinosaure, découvert en 2015, a un nom très bizarre ?

L'ugrunaaluk kuukpikensis. En langue des Inuits, cela signifie « brouteur ancien de la rivière de Colville ». C'est en Alaska qu'il a été découvert. Cet herbivore vivait il y a 69 millions d'années, à la période du jurassique.

CRÉTACÉ

Qu'est-ce qui caractérise le psittacosaure ?

Un bec de perroquet et une touffe d'herbe sur la queue. Aurait-il oublié de se coiffer ? Ou est-ce pour faire joli ? On ne sait pas si ce sont des plumes ou des épines. On sait seulement qu'il avale des pierres pour broyer sa nourriture.

CRÉTACÉ

Combien de cornes le styracosaure a-t-il ?

Neuf : six longues cornes au-dessus de la tête, une au-dessus de chaque œil et une sur le nez. Et tout ça pour faire le beau et plaire à ces dames ! Mais si on l'agresse, avec tout cet attirail, ça risque de chauffer !

D'où vient le nom pentacératops ?

CRÉTACÉ

« Penta » veut dire « cinq » en grec. Mais le pentacératops n'a que... trois cornes sur la tête, et aussi une magnifique collerette et la plus grosse tête de tous les dinosaures terrestres.

Pourquoi le pachyrhinosaure porte-t-il ce nom ?

CRÉTACÉ

Parce qu'il a un gros nez. Mais ça ne l'empêche pas de brouter de l'herbe et les feuilles des arbres. En plus de son gros nez, il a un énorme crâne de 2 m de long, bien lourd à porter. Espérons qu'il n'ait pas à choisir entre un rhume et un gros mal de tête !

Qui a une tête avec un bec de canard ?

CRÉTACÉ

Dans la famille des hadrosaures, ils ont tous un bec de canard mais pas la même tête. Certains portent une crête allongée, d'autres une crête arrondie, d'autres encore n'ont pas de crête. Ils adorent se balader en famille.

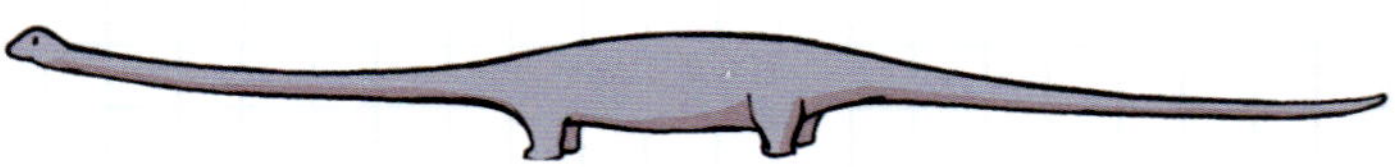

Qui porte un casque de guerrier grec ?

CRÉTACÉ

Le corythosaure. Sa crête creuse en forme de demi-cercle ressemble à un casque grec. Elle lui permet de faire résonner des sons pour prévenir ses collègues ou attirer une partenaire. Un beau casque pour coiffer ce dinosaure de 9 m de long !

Qu'est-ce que le dilophosaure a de très bizarre ?

JURASSIQUE

Deux crêtes sur la tête.

Ce chasseur de platéosaures et d'ankilosaures a aussi de sacrées armes : des dents pointues, de puissantes griffes, un odorat développé et une vue excellente. Et ses 500 kg ne l'empêchent pas de courir vite !

J'imite la poule et je ressemble à une autruche. Qui suis-je ?

CRÉTACÉ

Gallimimus. Cette grosse autruche mesure jusqu'à 6 m de long et 2 à 3 m de haut. Malgré une tête et un bec d'oiseau, elle ne vole pas. Mais qu'est-ce qu'elle court vite ! Jusqu'à 70 km à l'heure !

JURASSIQUE

Le diplodocus a-t-il de bonnes dents ?

Il les use rapidement à force de manger des centaines de kilos de végétation. C'est pourquoi ses dents tombent tous les mois et sont aussitôt remplacées par d'autres. Le camarasaure, lui, les perd tous les deux mois.

CRÉTACÉ

Quel est le point faible de l'ankylosaure ?

Son ventre. Son dos est une grosse cuirasse de plaques d'os mais elle ne recouvre pas le ventre. Le problème, c'est que les prédateurs sont au courant... alors quand ils l'attaquent, ils s'arrangent pour viser le ventre ! Ouille !

Comment les oviraptors séduisent-ils leur amoureuse ?

CRÉTACÉ

Ces dinosaures ont de longues plumes colorées au bout de leur queue qu'ils déploient comme le font les paons ou les dindons. Ils ont aussi une crête qu'ils arborent avec fierté. De vrais charmeurs !

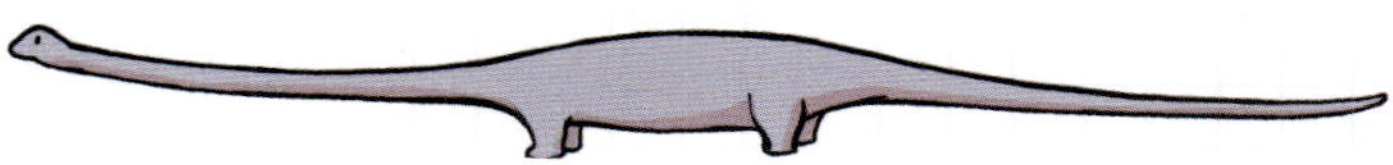

Qui est caudipteryx ?

CRÉTACÉ

Un petit lézard oiseau de la famille des théropodes, habillé avec de longues plumes, avec de bonnes jambes pour courir et de tout petits bras... Un dinosaure à plumes qui reste un mystère.

Est-ce que les dinosaures couvent leurs œufs ?

Certaines espèces couvent leurs œufs, mais la plupart creusent une sorte de nid où ils déposent leurs œufs en cercle ou côte à côte. Puis ils recouvrent le nid de feuillage et de terre. Cette méthode tient chaud aux futurs petits.

Comment naissent les bébés dinosaures ?

Les bébés dinosaures passent trois ou quatre semaines dans leur œuf. Quand vient le temps de l'éclosion, ils utilisent une petite dent sur leur museau pour casser la coquille. Et hop ! Ensuite, soit leurs parents les nourrissent, soit ils se débrouillent seuls.

Qu'est-ce qui est ridicule chez le diplodocus ?

La taille de ses œufs par rapport à la taille du diplodocus adulte. Adulte, il peut mesurer jusqu'à 30 m de long, mais ses œufs ne font que 20 cm de diamètre !

Un allosaure peut-il manger un diplodocus ?

Eh oui, ce féroce prédateur du jurassique se nourrissait très probablement de diplodocus. Incroyable, non ? L'allosaure est un très gros dinosaure et surtout il attaque en bande ! Il ne reste au diplodocus que sa très puissante queue pour se défendre.

Qui a une tête d'os entourée d'épines et de cornes ?

CRÉTACÉ

Le stygimoloch. Son crâne est comme un ballon de foot en os avec plusieurs rangées d'épines jusque sur le museau. Sur l'arrière de la tête, il a plusieurs cornes. Pas très rassurant... et pourtant, c'est un gentil herbivore.

Monsieur et madame Raptor ont un fils, comment l'appellent-ils ?

CRÉTACÉ

Bambi. Petit prédateur d'à peine 1 m de long, à la morsure mortelle, bambiraptor arbore un beau plumage. Le scientifique qui l'a découvert l'a-t-il baptisé de ce drôle de nom... sur les conseils d'un enfant ?

Qu'est-ce que le saltasaure a de spécial ?

CRÉTACÉ

D'habitude, les dinosaures à long cou n'ont pas de cuirasse sur le dos. Lui, si. C'est même une grosse armure de chevalier, faite de petits os et de plaques ! Il vit à la fin du crétacé, en Amérique du Sud.

En quoi l'euoplocéphale ressemble-t-il à un char d'assaut ?

CRÉTACÉ

Sa cuirasse lui couvre toute la tête et le dos, on lui voit à peine le museau ! Pour un peu on le confondrait avec un gladiateur romain ! Ça fait froid dans le dos ! Et en plus, il a plusieurs rangées d'épines osseuses. Horrible !

Comment certains dinosaures se sont-ils mis à voler ?

Il a fallu des centaines de milliers d'années pour que leurs pattes s'allongent, qu'ils deviennent plus légers, que leurs plumes s'étoffent. Ainsi, le microraptor, au début du crétacé, avait déjà des os creux et une épaisse couche de plumes.

Les dinosaures ont-ils des puces ?

Aïe ! Les puces s'attaquent aux dinosaures à plumes. Et quelles puces ! Elles mesurent 2 cm – les puces d'aujourd'hui font 5 mm –, ont deux scies au bout de la tête pour percer la carapace de la grosse bête et des griffes pour s'accrocher.

Quelles surprenantes découvertes ont été faites en Chine ?

Un tyrannosaure à très long nez, surnommé Pinocchio, un dinosaure « chauve-souris », cousin des oiseaux, un « cousin ailé » du vélociraptor baptisé zhenyuanlong suni, 43 œufs de dinosaures sur un seul site, etc.

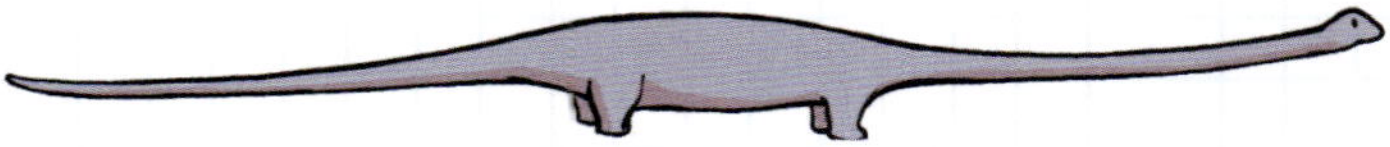

Qu'est-ce que l'hylaeosaure a sur le dos ?

CRÉTACÉ

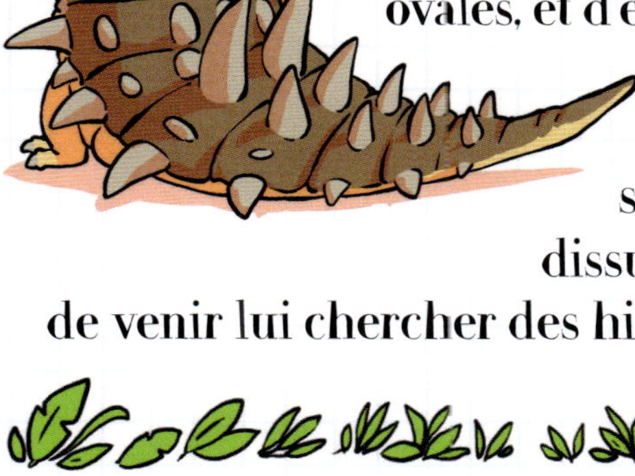

Une cuirasse richement décorée de plaques d'os plates, rondes, ovales, et d'épines. Comme il se déplace plutôt lentement, c'est son seul moyen de dissuader les ennemis de venir lui chercher des histoires !

Qui a les plumes les plus bizarres ?

CRÉTACÉ

Le nomingia, une espèce unique de la famille des oviraptosaures, découvert dans le désert de Gobi, en Mongolie. Sa queue se termine par un éventail particulièrement artistique de plumes rattachées à un os.

Qui sont les dinosaures autruches ?

JURASSIQUE ET CRÉTACÉ

Leur nom savant est ornithomimosaure : lézard qui imite les oiseaux. Le plus connu est le struthiomimus : de bonnes cuisses pour courir et supporter ses 300 kg, un appétit pour manger tout ce qui se trouve à sa portée.

Qu'est-ce qui différencie le lambéosaure mâle du lambéosaure femelle ?

CRÉTACÉ

La crête du mâle, en forme de hache, est plus grosse que celle de la femelle. Plutôt normal, vu que le mâle doit faire valoir sa crête pour attirer sa femelle.

Qui a des dents vraiment très bizarres ?

CRÉTACÉ

Le masiakasaure. Ses dents de devant sortent de sa bouche, ce qui lui permet d'attraper facilement les insectes, son menu préféré. Quant aux autres dents, derrière, coupantes comme des couteaux, eh bien... elles coupent la nourriture.

Les dinosaures étaient-ils des dragons ?

Lorsqu'ils ont découvert des ossements de très grande taille, il y a 2 000 ans, les Chinois ont pensé que c'était un dragon. Le dragon est l'animal mythique et magique des Chinois. Ils se servaient d'os de dinosaures pour fabriquer des remèdes !

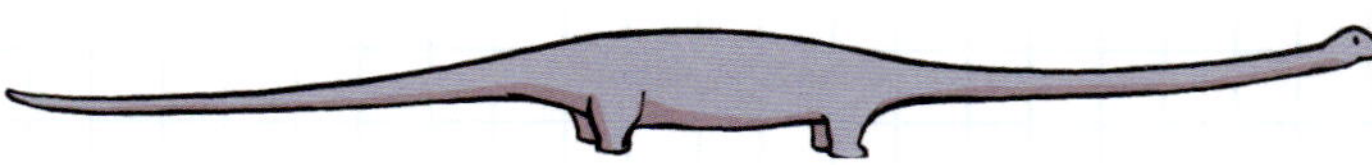

Pourquoi les dinosaures fascinent-ils les enfants ?

Ces géants font très peur aux enfants. Pourtant, ils savent bien qu'ils ont disparu de la Terre il y a très longtemps. Les enfants aiment les mystères et les dinosaures n'ont pas encore révélé tous leurs secrets...

Les volants et les marins, les cousins

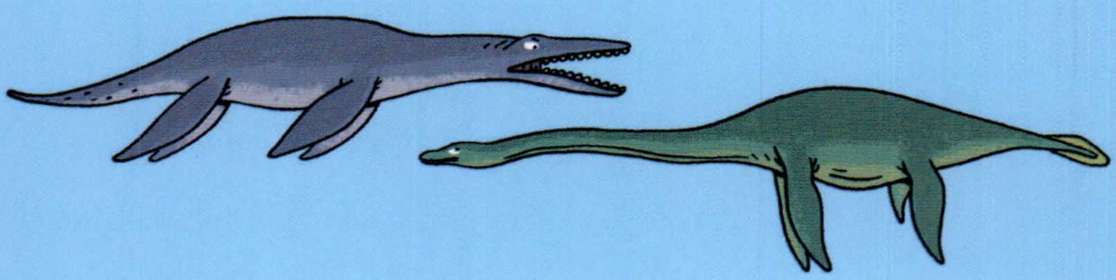

Les reptiles volants sont-ils des dinosaures ?

Non.
Ce ne sont ni des dinosaures ni les ancêtres des oiseaux. Ils sont apparus à la fin du trias et ont disparu, comme les dinosaures, à la fin du crétacé.

Les reptiles marins sont-ils des dinosaures ?

Non. Aussi gigantesques et impressionnants que les dinosaures, ils ne sont pas de la même famille. Ce sont d'anciens reptiles terrestres qui se sont adaptés à la vie aquatique. Ils ont disparu en même temps que les dinosaures.

À quelle période apparaissent les reptiles ailés ?

Au trias, environ 250 millions d'années avant notre ère. Ce sont les ptérosaures. Leurs ailes, comme celles des chauves-souris, sont des membranes de peau tendues le long des pattes avant. Ils planent ou se déplacent à quatre pattes.

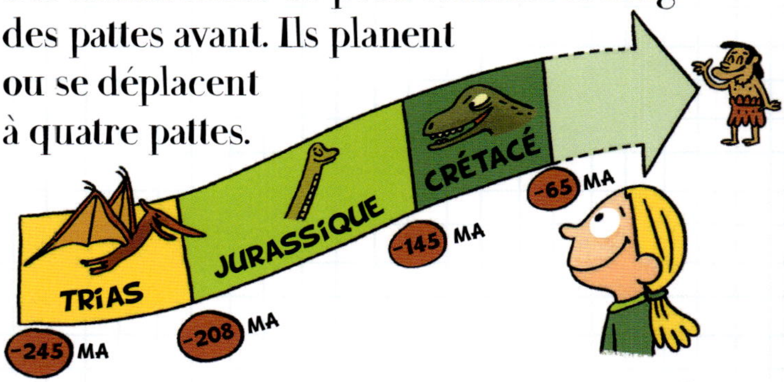

Qui sont les reptiles marins ?

Les ichtyosaures, les plésiosaures et les mosasaures, les géants de la mer du temps des dinosaures ! Les ichtyosaures comme les plésiosaures apparaissent au trias. Les ichtyosaures disparaissent au jurassique, tandis que les mosasaures règnent au crétacé.

À quoi ressemblent les océans au temps des reptiles marins ?

Au trias et au jurassique, une vaste mer entoure le continent unique appelé la Pangée. Au crétacé, l'océan Atlantique se forme et l'Europe est un ensemble d'îles entourées de mers chaudes. Y vivent les reptiles marins au côté des raies, requins, poissons...

Quelle catégorie de reptiles marins ressemble le plus aux poissons ?

Les ichtyosaures, avec une nageoire caudale, une nageoire dorsale... et un air de dauphin. Et, contrairement aux autres reptiles marins, ils font naître leurs petits dans l'eau et non sur terre.

Quel est le point commun entre les reptiles marins et les dinosaures ?

Les reptiles marins ont des poumons et respirent avec des narines. Ils doivent fréquemment remonter à la surface pour respirer. Ces cousins des dinosaures ont des ancêtres terrestres.

Quel animal a le premier quitté l'eau pour vivre sur terre ?

AVANT LE TRIAS

L'ichtyostéga. Il vivait il y a 360 millions d'années. Il appartient, comme la grenouille, à la catégorie des amphibiens. Il possède une queue-nageoire et des écailles mais il a aussi quatre pattes et respire avec des poumons et non des branchies.

À quoi ressemble le placodonte ?

TRIAS

À une grosse tortue avec une armure. Et pourtant ce n'est pas une tortue mais un des plus anciens reptiles marins de notre planète.
Il mesure entre 1 et 2 m de long.
À l'aide de ses larges dents plates, il broie les coquillages marins dont il se nourrit.

CRÉTACÉ

Qui est ce drôle de pélican ?

Le ptéranodon. Il ressemble à une chauve-souris mais n'est ni un oiseau ni une chauve-souris. Ce reptile volant, qui vit en bord de mer, se nourrit de poissons en les gobant.

Qui est sharoviptéryx ?

Un cousin des ptérosaures que certains scientifiques considèrent comme leur ancêtre. Grâce à ses deux paires d'ailes, il est à l'aise pour planer. Avec des mensurations de 15 cm et un poids de 7 g, il joue dans la cour des petits.

Quelle est la différence entre le ptérodactyle et le ptéranodon ?

Le ptérodactyle vit au jurassique tandis que le ptéranodon vit au crétacé. Le ptéranodon a une longue crête qui lui sert de gouvernail mais pas de dents, tandis que le ptérodactyle n'a qu'une petite crête mais des dents très acérées.

Quel ptérosaure aurait pu être un vampire ?

JURASSIQUE

Jeholopterus. Des scientifiques pensent que ce ptérosaure pouvait sucer le sang des dinosaures, d'autres pensent qu'il ne se nourrissait que d'insectes. Un fossile spécialement bien conservé, avec restes de peau et de plumes, a été retrouvé en Mongolie-Intérieure.

Comment volent les ptérosaures ?

Ils font du parapente : ils se lancent d'une falaise et se laissent porter par les courants dits ascendants (vers le haut). Ils battent aussi des ailes.

Les oiseaux descendent-ils des dinosaures ?

Oui. Mais, chose étrange, ils descendent des dinosaures saurischiens à bassin de reptile, et non des ornithischiens au bassin d'oiseau ! Des scientifiques pensent que les dinosaures les plus primitifs, il y a 200 millions d'années, avaient sûrement des plumes. Ensuite, ils les auraient perdues.

À quoi ressemble anurognathus ?

JURASSIQUE

À un petit reptile volant sans queue, avec un petit corps et des ailes de 50 cm quand elles sont déployées. Il se nourrit de libellules et d'autres insectes volants.

JURASSIQUE

L'archéoptéryx est-il un oiseau ?

Lui n'est pas un reptile mais bien un petit dinosaure à plumes, carnivore. L'ancêtre des oiseaux ? Probablement.
L'analyse de plumes fossilisées nous apprend que son plumage était noir.
On pense qu'il volait mal mais pouvait planer.

JURASSIQUE

Combien pèse l'archéoptéryx ?

Ce petit poulet à griffes ne pèse pas plus de 300 ou 500 g ! Autant dire ridicule en territoire dinosaure ! Mais très intéressant pour les paléontologues.

Qu'est-ce qui mesure 9 m et a une très longue crête ?

Le ptéranodon mesure 9 m d'envergure lorsqu'il étend ses ailes. Son long bec ne contient pas de dents et sa crête lui sert de gouvernail.

Qui se cache derrière quetzalcoatlus ?

CRÉTACÉ

Ce n'est pas le dieu-serpent à plumes des Aztèques, mais il en a pris le nom. C'est un des plus grands animaux volants de tous les temps, qui vivait il y a 66 millions d'années. Il mesure plus de 12 m d'envergure et sait aussi marcher à quatre pattes ! Il a une grande mâchoire sans dents .

CRÉTACÉ

Quel reptile marin est plus dangereux qu'un requin et un crocodile ?

Le kronosaure. Il mesure 13 m de long et nage très vite. C'est sûr, avec deux paires de nageoires, c'est plus rapide ! Sa mâchoire est redoutable. Imagine : plus de dents que le tyrannosaure et chaque dent mesure 25 cm !

Les reptiles marins avalent-ils des pierres pour aller au fond de l'eau ?

Si c'était le cas, il leur faudrait avaler de grosses quantités de pierres pour pouvoir couler. Non, c'est plutôt pour broyer leur nourriture, comme les herbivores.

Quelle est la différence entre les pliosaures et les plésiosaures ?

DU TRIAS AU CRÉTACÉ

Les pliosaures ont la mâchoire robuste et des dents bien pointues et solides. Les plésiosaures ont un long cou, une petite tête et sont de bons chasseurs. Les deux appartiennent au groupe des plésiosauriens.

Comment sait-on que les pliosaures avaient un bon odorat ?

Des études, au scanner, du museau fossilisé d'un pliosaure ont montré qu'ils pouvaient chasser ou manger sous l'eau et avaient un odorat comme celui des crocodiles d'aujourd'hui.

Où a été découvert le dimorphodon ?

JURASSIQUE

Ce reptile volant avec un bec comme les oiseaux de mer a été trouvé en Angleterre en 1828, dans la région du Dorset, une région surnommée « Jurassic Coast ». Le paléontologue Richard Owen lui a attribué ce nom qui signifie « deux formes de dents » à cause de ses dents pointues et plates.

Qui est le plus petit ptérosaure découvert ?

CRÉTACÉ

Nemicolopterus. Ce petit reptile ailé sans crête mesure 7 cm de long (regarde sur ta règle comme c'est petit !) et 25 cm lorsqu'il étend ses ailes. Contrairement à beaucoup de ptérosaures qui vivaient en bord de mer, nemicolopterus habitait les forêts de conifères.

J'ai de très gros yeux et je ressemble à un dauphin. Qui suis-je ?

DU JURASSIQUE AU CRETACE

L'ophtalmosaure. Une très bonne vue pour voir au fond de la mer où il y a moins de lumière et des yeux entourés d'un anneau en os pour résister à la pression dans les profondeurs. Pour 4 m de long et 1 tonne, ça fait un très gros dauphin !

Qui a une plus grosse tête que le T.rex et nage sous l'eau ?

CRÉTACÉ

Le kronosaure, de la famille des pliosaures : 13 m de long et 2,7 m de tête ! Il raffole de calamars et de mollusques quand il n'a pas un plésiosaure à se mettre sous la dent. On en a découvert un squelette presque complet en Australie.

CRÉTACÉ

Géant du ciel, je suis un grand voyageur. Qui suis-je ?

Ornithocheirus.
Cet énorme reptile volant de 6 à 12 m d'envergure et pesant 100 kg peut passer d'un continent à l'autre en quelques jours ou quelques semaines.

Qui est ce gigantesque oiseau de mer qui ne vole pas ?

CRÉTACÉ

Hesperornis. Il mesure jusqu'à 2 m de haut, il sait nager et plonger mais a des ailes trop petites pour voler. Son plat préféré est constitué de mollusques comme l'ammonite et de poissons. Il vivait au crétacé.

Qui est le plus terrible chasseur des mers ?

JURASSIQUE

Le liopleurodon. 25 m de long, 100 tonnes, deux paires de solides nageoires, des dents de 30 cm : une vraie panoplie de tueur des mers. En plus, il chasse sous l'eau et au bord de l'eau !

Quelle est la grande caractéristique des reptiles marins ?

Ils ont la capacité de réguler la température de leur corps, entre 35 °C et 39 °C quelle que soit la température de l'eau. Ils produisent de l'énergie et peuvent alors nager très vite et longtemps.

De tous les reptiles des mers, lesquels sont les plus anciens ?

CRÉTACÉ

Les tortues de mer comme l'archelon, une géante au bec crochu de 4 m et de presque 2 tonnes, amatrice de méduses. Si l'archelon a aujourd'hui disparu, ses descendants comme la tortue luth sont toujours vivants.

Quel reptile aquatique fait régner la terreur ?

CRÉTACÉ

Le tylosaure, un grand prédateur du crétacé, découvert au Canada en 1974, aux énormes mensurations : 13 m de long du bout du museau à la queue. Requins, plésiosaures, tortues marines, poissons, sont au menu de ce féroce carnivore.

Comment flotte le muraenosaure ?

JURASSIQUE

Ses poumons se gonflent d'air. On le reconnaît à son très long cou flexible et sa petite tête. Ce plésiosaure de 5 ou 6 m, vivait il y a 165 millions d'années, se nourrissant de poissons et de céphalopodes, des mollusques à tentacules.

Comment naissent les bébés plésiosaures ?

Ils sortent directement du ventre de leur mère, comme pour les mammifères, et ne proviennent donc pas d'un œuf.

Quel reptile marin est un mélange de pliosaure et de plésiosaure ?

Le macroplata, un des plus anciens de la famille des pliosaures. Il a survécu 15 millions d'années, ce qui est rare pour une espèce. Classé parmi les pliosaures, il a un long cou comme les plésiosaures et des nageoires puissantes avec lesquelles il bat l'eau pour nager super vite.

À quelle étrange créature ressemble l'élasmosaure ?

À Nessie, le célèbre « monstre du loch Ness », en Écosse : un genre de grand dinosaure-serpent aquatique, dont le mystère n'a pas vraiment été résolu.

Mi-serpent, mi-reptile, je fais partie des cannibales les plus féroces du crétacé.

Qui suis-je ?

CRÉTACÉ

Le mosasaure : 150 vertèbres pour maintenir son long corps, de 9 à 18 m de long selon les spécimens, une queue de requin, et une grande mâchoire pour croquer plésiosaures, tortues, poissons, ptérosaures, et même ses semblables !

Qui est le monstre d'Aramberri ?

Un très grand pliosaure de 15 m de long découvert au Mexique en 1984, qui sillonnait les mers il y a 150 millions d'années.

Qu'est-ce que la voie maritime de l'Ouest ?

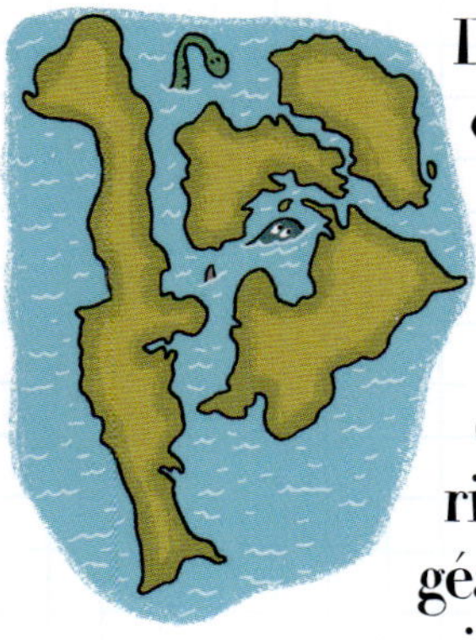

Il y a 100 millions d'années, lors de la séparation des terres, une grande mer intérieure coupait l'Amérique du Nord en deux. Cette mer, peu profonde et chaude, accueillait une très riche faune marine. Les reptiles géants marins y côtoyaient des requins et poissons en tous genres.

Quel poisson géant côtoie les reptiles marins, au jurassique ?

Il s'appelle leedsichthys. Ses 16 m de long l'installent sur le podium du plus grand poisson de son époque. Comme les baleines, il avale du plancton au travers de ses fanons.

Qui fait partie des plus anciens ptérosaures connus ?

Eudimorphodon.
Ce ptérosaure n'a vécu qu'au trias. On connaît son régime alimentaire grâce au contenu de son estomac fossilisé : des poissons osseux.

Avec qui hatzegopteryx est-il en compétition ?

Avec quetzalcoatlus, un autre ptérosaure longtemps considéré comme le plus grand. Mais hatzegopteryx remporte la compétition avec ses 14 m d'envergure, 8 m de long, 6 m de haut et un crâne de 3 m de long.

Qui sont les acrobates des mers ?

Les ichtyosaures : ils rament avec leurs nageoires, ont un corps lisse, une queue en forme de demi-lune. On suppose qu'ils faisaient des bonds comme les dauphins d'aujourd'hui.

Qui est champion de surf ?

TRIAS

Le shonisaure, un des plus grands ichtyosaures, de 14 à 15 m de long, sans nageoire dorsale mais avec quatre longues nageoires qui lui permettent de ramer et de surfer sur l'eau. Champion de surf, mais pas champion de natation !

Comment sait-on que les reptiles marins sont d'anciens animaux terrestres ?

Il existe plusieurs indices sur leur corps. Par exemple, on retrouve à l'intérieur de leurs nageoires plates, appelées aussi palettes natatoires, les os d'anciennes pattes à cinq doigts.

Quelles sont les particularités du chaohusaure ?

TRIAS INFÉRIEUR

C'est le plus ancien ichtyosaure découvert. Un squelette trouvé en Chine prouve qu'il était vivipare, c'est-à-dire que ses bébés se développaient dans son ventre. Il est possible que l'accouchement avait lieu sur terre et non dans l'eau.

Quels sont les deux groupes de reptiles volants ?

Les rhamphorhynchoïdes et les ptérodactyloïdes. Les premiers ont une longue queue et de larges ailes. Ils vivent au trias et disparaissent au jurassique. Les seconds vivent au crétacé. Ils n'ont pas de queue, sont plus légers et ont une tête allongée.

Pourquoi darwinopterus est-il particulier ?

JURASSIQUE

Ce reptile volant mêle les caractéristiques de deux groupes : la longue queue des rhamphorhynchoïdes et la crête des ptérodactyles. Le fossile d'une femelle a révélé, à proximité, un œuf à coque molle comme ceux des crocodiles, ce qui suppose qu'elle enterrait ses œufs pour les protéger.

À quelle famille appartient prognathodon ?

CRÉTACÉ

À la famille des mosasaures. Ce gros reptile marin pèse jusqu'à 10 tonnes. Il fait partie des redoutables carnivores des mers de la période du crétacé.
Il a des dents pour broyer ses proies.

Qui est le grand animal de Maastricht ?

CRÉTACÉ

Le crâne fossilisé d'un énorme animal découvert en 1770 à Maastricht a été assimilé, au départ, à un énorme crocodile. Plus tard, on lui a donné le nom de « mosasaure ».

Les records

Quel est le plus petit des dinosaures ?

CRÉTACÉ

Le micropachycéphalosaure. Un très long nom pour un très petit dinosaure de 50 cm de long ! Son régime herbivore le garde en forme, car il peut courir jusqu'à 40 km à l'heure. Il a été découvert en Chine où il vivait il y a plus de 70 millions d'années.

Où a eu lieu la plus grande découverte de squelettes de dinosaures ?

En Belgique. En 1878, à Bernissart, des mineurs découvrent 40 squelettes d'iguanodons presque entiers. C'est la plus impressionnante découverte de squelettes de dinosaures.

CRÉTACÉ

Combien mesure le plus haut dinosaure ?

À peu près 40 m de long, presque aussi grand qu'un Boeing. Près de 20 m de haut lorsqu'il lève le cou, aussi haut qu'un immeuble de 7 étages ! C'est le titanosaure, un herbivore qui a été découvert dans le sud de l'Argentine en 2014.

CRÉTACÉ

À qui appartiennent les plus longues griffes ?

Au thérizinosaure, un dinosaure bipède du crétacé. 1 m de griffes ! Et coupantes comme des faux ! Pratique pour débroussailler les jardins, non ? Ou pour ratisser les herbes dont il se nourrissait.

Quelle est la taille des plus gros œufs de dinosaures ?

Au 19e siècle, en Europe, on a retrouvé des œufs de 36 cm de diamètre. En Chine, vers 1990, on en a découvert d'autres qui mesuraient 60 cm de long et 20 cm de diamètre.

Qui est le premier dinosaure ?

Eoraptor. Il a de la chance, il a reçu un beau nom : « Voleur de l'Aube ». Arrivé à l'aube des dinosaures, c'est-à-dire au début de leur règne, eoraptor est un petit dinosaure de 40 cm de haut et d'1 m de long, avec une très longue queue. Il est omnivore : il se nourrit de petits animaux et de végétaux.

Combien pèse l'apatosaure, un des records de poids ?

JURASSIQUE

30 tonnes. Il vivait au jurassique en Amérique du Nord, il y a 150 millions d'années. Ce gros herbivore de plus de 20 m de long doit manger toute la journée pour être en forme. Il est souvent confondu avec le brachiosaure.

Je suis un des derniers dinosaures. Qui suis-je ?

CRÉTACÉ

Le tricératops. Il vivait il y a 65 millions d'années au moment où une énorme météorite a détruit la plus grande partie de la Terre, provoquant la disparition des dinosaures.

DÉVONIEN, AVANT LES DINOSAURES

Qui est le premier amphibien connu ?

L'ichtyostéga vivait il y a 360 millions d'années dans des mares. Il est le premier à respirer avec des poumons et non des branchies comme les poissons. Il a quatre membres. Chacun de ses membres a 7 doigts.

Quand a été découvert le premier os de dinosaure ?

En 1677, Robert Plot, un chimiste britannique, découvre un os si grand qu'il pense que c'est celui d'un géant. Puis, en 1820, Gideon Mantell trouve des dents immenses. Il appelle l'animal mystérieux qui les possède iguanodon, car il lui fait penser à l'iguane d'Amérique du Sud.

Quel dinosaure du trias a le plus long cou ?

TRIAS

Le cou du tanystropheus mesure 3 m de long, soit la moitié de son corps. Il vivait il y a 235 millions d'années, en partie dans l'eau et en partie sur terre. Comme il n'a que dix vertèbres, les scientifiques pensent qu'il ne pouvait tenir son cou verticalement.

Combien de temps a duré le règne des dinosaures ?

Plus de 160 millions d'années. Ils ont disparu il y a 65 millions d'années, mais des scientifiques pensent que certains auraient survécu au cataclysme car on a retrouvé des fossiles de squelettes plus récents.

Quel est le plus géant de tous les temps ?

Le supersaure, parfois appelé ultrasaure : 35 à 40 m de long et 40 tonnes. Son omoplate mesurait 2 m ! Le paléontologiste Jim Jensen l'a découvert dans le Colorado.

Quels sont les plus vieux dinosaures ?

Eoraptor, eodromaeus, staurikosaure : ils sont apparus entre 235 et 230 millions d'années avant notre ère. Les scientifiques continuent de retrouver des ossements d'espèces encore plus anciennes. Le nyasasaurus parringtoni, par exemple, vivait il y a 245 millions d'années.

Qui sont les plus gros mangeurs ?

JURASSIQUE

Les sauropodes. Ces gros herbivores comme le diplodocus, le brachiosaure ou l'apatosaure avalent 180 à 200 kg de végétaux par jour.
À l'époque du jurassique, on trouve de grandes fougères et des plantes tropicales.

Quel est le dinosaure le plus connu des enfants ?

CRÉTACÉ

Le tyrannosaure ou T. rex, l'un des principaux « acteurs » du film *Jurassic Park*, parce qu'il est très féroce, et parce que sa puissance d'attaque fait très peur.

Qu'est-ce qui est plus vieux que les plus vieux dinosaures et vit encore aujourd'hui ?

Un poisson appelé cœlacanthe. Il existait déjà il y a 400 millions d'années. On en trouve encore au fond de l'océan Indien, au large des Comores.

Quel reptile marin a le plus long cou ?

CRÉTACÉ

Le cou de l'élasmosaure fait la moitié de son corps, qui lui-même mesure 15 m de long. Le plus étonnant est qu'il a 76 vertèbres. La girafe, elle, n'en a que 7 !

CRÉTACÉ

Quel est le plus grand dinosaure du crétacé ?

L'argentinosaure, avec ses 30 m de long et 8 m de haut. Il a gagné le record sur le sauroposéidon et ses 18 m de long. Et le sauroposéidon remporte la victoire sur le brachiosaure. Ces dinos à long cou auraient dû créer un club de basket-ball !

CRÉTACÉ

Qui a le plus grand crâne ?

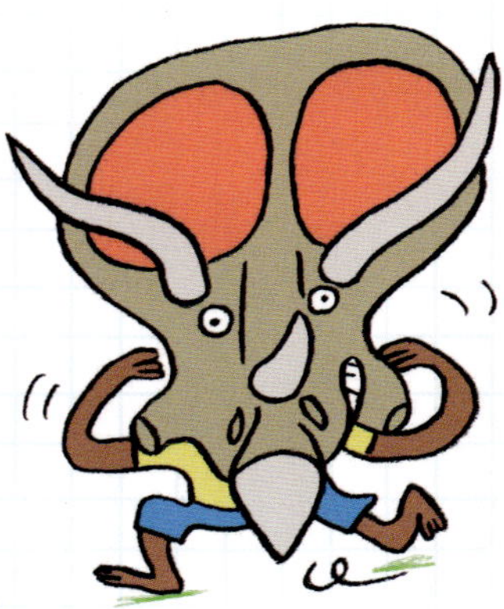

Le torosaure, dont la tête mesure la moitié de son corps : 2,80 m. Mais la tête entière du pentacératops avec sa collerette est plus grosse que celle du torosaure.

CRÉTACÉ

Qui est le dinosaure le plus intelligent ?

Le troodon. Son cerveau est aussi gros qu'une pomme et plus gros que celui de bien des dinosaures. Il présente des mains avec trois doigts grâce auxquelles il peut attraper. On dit que c'est un petit dinosaure, mais il mesure quand même 2 m de long et pèse 45 kg. Un très très gros poulet !

Quels sont les dinosaures les moins intelligents ?

Les scientifiques calculent le quotient du cerveau en comparant sa taille et la taille du corps. Les sauropodes, comme le diplodocus, ont le quotient le plus faible, avec les ankylosaures et les spinosaures.

Quel reptile volant a les ailes les plus particulières ?

TRIAS

Coelurosauravus, un petit reptile apparu avant l'ère du trias, dont les ailes ressemblent à un Deltaplane. On suppose qu'il planait de cime en cime, comme les écureuils. Ses ailes sont des membranes soutenues par des sortes de brindilles d'os très fines.

Où est situé le plus grand gisement d'œufs de dinosaures ?

En France, dans la région d'Aix-en-Provence. Des paléontologues ont même baptisé cette région « Eggs-en-Provence » ! Depuis 1947, on continue d'y faire de nouvelles découvertes.

Quel dinosaure a été le premier à avoir un nom ?

JURASSIQUE

Le mégalosaure. En observant des os fossiles et une mâchoire trouvés près d'Oxford en 1824, William Buckland, un professeur de géologie, a déclaré : « C'est un lézard géant. » En latin, lézard géant se dit « Megalo saurus ».

Où est exposé le squelette du plus grand dinosaure ?

CRÉTACÉ

Le squelette reconstitué du titanosaure, de plus de 37 m de long, est exposé au musée d'Histoire naturelle de New York depuis début 2016. Mais il est si grand que sa tête et son cou sortent de la salle qui lui est réservée !

Quel est le plus grand dinosaure carnivore ?

CRÉTACÉ

Eh non, ce n'est pas le tyrannosaure, mais le spinosaure. Au moins 15 m de long, avec un air de canard et d'alligator mais plus du côté de l'alligator. Comme il se sent mieux dans l'eau et dans les marais, il mange surtout du poisson, qu'il attrape avec une griff e… un peu comme les ours.

Qui est le meilleur nageur ?

JURASSIQUE

L'ophtalmosaure. À la période du jurassique, c'est lui le plus rapide : 40 km à l'heure à la nage. Et il détient aussi le record des plus gros yeux : 25 à 30 cm de diamètre.

Où a été découvert le plus grand nombre de géants ?

CRÉTACÉ

Dans le sud de l'Argentine, en Patagonie, dans une région désertique nommée El Chocón ou la vallée des Dinosaures. Le giganotosaurus carolinii, l'argentinosaure, le titanosaure y ont été trouvés.

Quel est le bipède le plus petit et le plus rapide ?

JURASSIQUE

Le compsognathus, de la taille d'un gros poulet ou d'un dindon, court jusqu'à 64 km à l'heure. À ce rythme, il vole presque ! Un chasseur très agile pour attraper les petits animaux, lézards et insectes.

Quels sont les prédateurs les plus féroces du jurassique ?

JURASSIQUE ET CRÉTACÉ

Les carnosaures. Des carnivores sans pitié dotés de grandes griffes pour déchiqueter leurs proies. Ils sont aussi longs que 4 voitures, souvent lourds et s'attaquent facilement aux gros herbivores. L'allosaure et le mégalosaure en font partie.

CRÉTACÉ

Qui bat le record du nombre de dents ?

L'edmontosaure, avec 1 000 dents disposées en rangs serrés pour couper des végétaux très durs. Dans la famille des « becs de canard », c'est un des plus longs (13 m), mais il n'a pas de crête.

Où a-t-on trouvé le plus grand dinosaure à plumes ?

CRÉTACÉ

Au nord-est de la Chine. Comme il est cousin avec le T. rex, les paléontologues chinois l'ont surnommé Yutyrannus huali, « le tyran à belles plumes ». Ce poussin géant a quand même de belles dents !

Qui est le plus géant des oviraptoridés, cette famille la plus proche des oiseaux ?

CRÉTACÉ

Gigantoraptor, avec ses 4 m de haut et 8 m de long. Un drôle d'oiseau qui ne vole pas et qui a été trouvé uniquement en Mongolie.

Où est la plus grosse collection d'œufs de dinosaures du monde ?

CRÉTACÉ

Dans le sud de la Chine, le musée de Heyuan a une collection de plus de 10 000 œufs datant de la deuxième moitié du crétacé, principalement des œufs d'oviraptoridés et d'hadrosaures.

CRÉTACÉ

Quel est le plus vieux dinosaure à cornes découvert ?

Liaocératops, un herbivore à bec, de la taille d'un chien, ancêtre du tricératops. Il vivait il y a 145 millions d'années. Ses restes ont été retrouvés dans le nord-est de la Chine, dans la formation Yixian, une région riche en fossiles.

Où voit-on le plus d'empreintes de dinosaures ?

En Australie, dans le Queensland, à Lark Quarry. 150 d'entre eux ont laissé leurs empreintes, probablement lors d'une course-poursuite avec un grand carnivore désireux d'en croquer quelques-uns !

Où est situé le plus riche gisement de fossiles du monde ?

En Patagonie, au sud de l'Argentine. Ce gisement de 60 000 km^2 apporte beaucoup à la science en matière de connaissance de l'écosystème au jurassique : rivières, géologie, plantes, vers, insectes, micro-organismes, dinosaures, etc.

Quelle a été la plus grande fouille de dinosaures en Afrique ?

Entre 1909 et 1912, 250 tonnes d'os ou fossiles de dinosaures sont récoltées sur le site de Tendaguru en Tanzanie. Il a fallu 5 000 voyages pour transporter les os jusqu'à un port afin de les envoyer vers l'Allemagne.

Quelle est la zone de fossiles la plus riche d'Amérique du Nord ?

La formation Morrison : elle couvre 1,5 million de km², s'étend sur les États du Colorado, du Wyoming et jusqu'au Texas. Les fossiles découverts dans cette zone datent du jurassique supérieur.

Combien existe-t-il d'espèces de dinosaures ?

À ce jour, on a répertorié entre 700 et 800 espèces, mais on continue de découvrir des fossiles de nouvelles espèces dans de nombreux pays.

Quel dinosaure a la plus puissante mâchoire ?

Incontestablement, le tyrannosaure. Des scientifiques britanniques ont mesuré la pression de chaque dent de T. rex : 5 tonnes par dent ! À titre de comparaison, la pression d'une dent humaine est de 70 à 100 kg.

Qui sont les plus anciens reptiles marins ?

TRIAS

Les nothosaures. Ils vivent en partie dans l'eau, en partie sur les rivages. Les scientifiques pensent qu'ils ne savent pas très bien nager. Cette espèce a disparu à la fin du trias.

Quel est le plus grand dinosaure à bec de canard ?

CRÉTACÉ

Le shantungosaure, avec ses 15 m de long et 8 m de haut. Ce colosse de 8 tonnes utilise aussi son poids pour écraser ses adversaires. En taille, il rivalise avec le lambéosaure.

Quel est le plus grand des « porteurs de boucliers » ?

CRÉTACÉ

Le plus grand mesure jusqu'à 10 m : c'est l'ankylosaure. Les porteurs de boucliers ont, sur le dos, une cuirasse faite de plaques d'os et sont herbivores. Ils ont été classés en deux groupes : les stégosauriens et les ankylosauriens.

JURASSIQUE

À qui appartient le plus petit cerveau ?

Au stégosaure. Son cerveau pèse 70 g, soit le 250 000e de son poids ! Il n'est peut-être pas très malin, mais il est bien armé : son dos est surmonté d'une double rangée de plaques osseuses en forme de grosses épines.

Qui est le plus gros ichtyosaure ?

TRIAS

Le shastasaure. Cet ichtyosaure à museau court et édenté mesure jusqu'à 21 m de long. Il ne vit qu'à la période du trias et se nourrit en aspirant des mollusques dans leur coquille.

Quelle est la période la plus longue de l'ère des dinosaures ?

Le crétacé. Cette dernière période d'existence des dinosaures, la plus riche en variétés de dinosaures et de végétation, a duré 80 millions d'années.

De quelles couleurs sont les plumes des dinosaures ?

Voilà qui est très difficile à savoir. Les seules informations dont disposent les paléontologues sont de minuscules traces de couleurs trouvées dans des plumes fossilisées.

Quels sont les films de dinosaures les plus célèbres ?

Au cinéma, c'est la série de films « *Jurassic Park* » réalisée par Steven Spielberg. Il y a aussi les dessins animés « *Le Petit Dinosaure* », « *Denver, le dernier dinosaure* », « *Le Voyage d'Arlo* », « *Le Dino Train* », etc.

Quel est le premier musée de dinosaures d'Europe ?

Le musée-parc de Mèze, en France, dans l'Hérault, situé sur l'emplacement d'un site paléontologique. Des musées d'Histoire naturelle à Bruxelles, à Londres, à Francfort, possèdent aussi de très impressionnantes collections.

Quel a été le premier parc à thème sur les dinosaures ?

Le Crystal Palace à Londres, un palais créé en 1852 pour accueillir les reproductions de dinosaures réalisées pour l'Exposition universelle de 1851. On peut encore voir ces statues au parc Crystal Palace, même si les vrais dinosaures étaient un peu différents...

Petite frise pour te repérer

Apparition des dinosaures. L'un des premiers : l'eoraptor

La grande période des longs cous

Le règne du maître : le T. rex

La grande catastrophe : disparition des dinosaures

Index

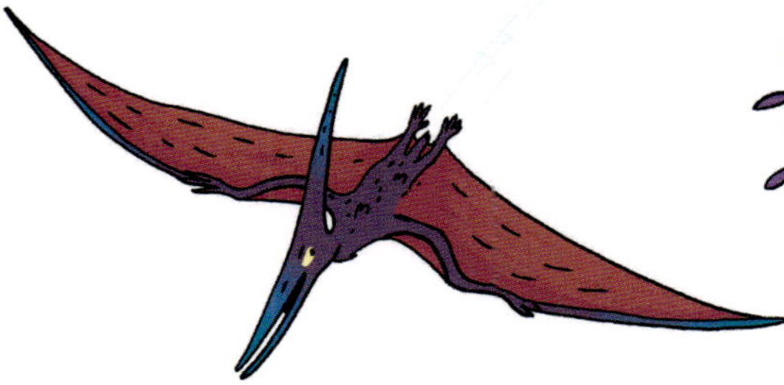